Zhongguo Wenhua
Zhishi Duben

中国文化知识读本

赵州桥

主编 金开诚

编著 王忠强

吉林出版集团有限责任公司

吉林文史出版社

图书在版编目（CIP）数据

赵州桥 / 王忠强编著 . —长春：吉林出版集团有
限责任公司：吉林文史出版社，2009.12（2022.1 重印）
（中国文化知识读本）
ISBN 978-7-5463-1658-1

Ⅰ . ①赵… Ⅱ . ①王… Ⅲ . ①赵州桥 – 简介 Ⅳ .
① K928.78

中国版本图书馆 CIP 数据核字〔2009〕第 236830 号

赵州桥

ZHAO ZHOU QIAO

主编／金开诚　编著／王忠强

责任编辑／曹恒　崔博华　责任校对／刘姝君

装帧设计／曹恒　摄影／金诚　图片整理／董昕瑜

出版发行／吉林文史出版社　吉林出版集团有限责任公司

地址／长春市人民大街4646号　邮编／130021

电话／0431-86037503　传真／0431-86037589

印刷/三河市金兆印刷装订有限公司

版次／2009 年 12 月第 1 版　2022 年 1 月第 5 次印刷

开本／650mm×960mm　1/16

印张／8　字数／30千

书号／ISBN 978-7-5463-1658-1

定价／34.80元

关于《中国文化知识读本》

　　文化是一种社会现象，是人类物质文明和精神文明有机融合的产物；同时又是一种历史现象，是社会的历史沉积。当今世界，随着经济全球化进程的加快，人们也越来越重视本民族的文化。我们只有加强对本民族文化的继承和创新，才能更好地弘扬民族精神，增强民族凝聚力。历史经验告诉我们，任何一个民族要想屹立于世界民族之林，必须具有自尊、自信、自强的民族意识。文化是维系一个民族生存和发展的强大动力。一个民族的存在依赖文化，文化的解体就是一个民族的消亡。

　　随着我国综合国力的日益强大，广大民众对重塑民族自尊心和自豪感的愿望日益迫切。作为民族大家庭中的一员，将源远流长、博大精深的中国文化继承并传播给广大群众，特别是青年一代，是我们出版人义不容辞的责任。

　　《中国文化知识读本》是由吉林出版集团有限责任公司和吉林文史出版社组织国内知名专家学者编写的一套旨在传播中华五千年优秀传统文化，提高全民文化修养的大型知识读本。该书在深入挖掘和整理中华优秀传统文化成果的同时，结合社会发展，注入了时代精神。书中优美生动的文字、简明通俗的语言、图文并茂的形式，把中国文化中的物态文化、制度文化、行为文化、精神文化等知识要点全面展示给读者。点点滴滴的文化知识仿佛繁星，组成了灿烂辉煌的中国文化的天穹。

　　希望本书能为弘扬中华五千年优秀传统文化、增强各民族团结、构建社会主义和谐社会尽一份绵薄之力，也坚信我们的中华民族一定能够早日实现伟大复兴！

目录

一 历时千年的赵州桥

赵州桥坐落在洨河之上

"驾石飞梁尽一虹，苍龙惊蛰背磨空。坦途箭直千人过，驿使驰驱万国通。云吐月轮高拱北，雨添春色去朝东……"宋代诗人杜德源咏诗赞颂赵州桥如雨后初晴的长虹，实在是恰如其分。赵州桥是世界上保存最古老的一座石拱桥，赵州桥桥型优美，结构新奇，如初月出云，似彩虹当空，几乎历朝历代都有人写诗作文来赞美和颂扬这座大石桥。

（一）赵州桥的地理位置

赵州桥坐落在河北省赵县城南 2.5 公里处的洨河上，距石家庄市区仅 45 公里。赵县地处太行山东麓中段的山前冲积平原上，地势由西北向东南倾斜，开阔平坦，属暖温带大陆性季风气候、半湿润半干旱地区，适宜多种温带农作物生长，有利于农业和林果业的发展。全县有耕地 78 万亩，素有"雪花梨之乡"的美誉；境内已探明有石油、天然气等多种矿产资源。赵县具有深厚的历史文化内涵，旅游资源十分丰富，为全国首批对外开放县，是河北省重要的历史文化旅游区。

得天独厚的地理条件，使得赵县成为农业大县，自 20 世纪 80 年代以来，相继成为全国商品粮生产基地县、全国优质小麦生产基地县、全国雪花梨生产基地县、全国鸭梨出口基地县及全国北方屈指可数的吨粮县。

（二）赵州桥的悠久历史

赵州桥建于隋代大业年间（605—618年），由著名匠师李春设计和建造，距今已有1400多年的历史，是当今世界上现存最早、保存最完善的古代敞肩石拱桥。赵州桥于1961年被国务院列为第一批全国重点文物保护单位。1991年，美国土木工程师学会将赵州桥选定为第十二个"国际历史土木工程的里程碑"，并且还在桥北端东侧建造了一个"国际历史土木工程古迹"铜牌纪念碑。

赵州桥，又名安济桥 (宋哲宗赐名，意

赵州桥距今已有 1400 多年的历史了

历时千年的赵州桥

赵州桥是当今世界上跨度最大、建筑最早的单孔敞肩式石拱桥

为"安渡济民"），被誉为"华北四宝之一"。桥长 64.40 米，跨径 37.02 米，券高 7.23 米，是当今世界上跨度最大、建造最早的单孔敞肩式石拱桥。因为桥两端肩部各有两个小孔，因此称为敞肩型，这是世界造桥史上一个创造性的结构（没有小拱的称为满肩或实肩型）。赵州桥上还有许多类型众多、丰富多彩的雕饰花纹。

赵州桥的存在，与赵县这座历史文化名城有着密不可分的历史渊源。

赵县，古为赵郡、赵州。根据文献记载，已有 2500 多年的历史了。赵县位于河北省中南部，距离省会石家庄市约 40 千米，这

永通桥桥面

里地处太行山山前冲积平原,地势开阔平坦,总面积为 675 平方千米,人口 53 万。

两千多年来,勤劳朴实的赵州人在这块土地上开垦耕作、繁衍生息,与整个中华民族一起,创造了灿烂辉煌的文化。在这块物华天宝、人杰地灵的土地上,留下了许许多多各具特色、弥足珍贵的历史文化遗迹。有举世闻名的"天下第一桥"赵州桥以及与之并称姊妹桥的永通桥;有名播海内外的千年古刹赵州柏林禅寺;有享有"华夏第一塔"之盛誉的赵州陀罗尼经幢,悠久的历史和深厚的文化底蕴使古城赵县在拥有繁荣发达的现代文明的同时依然闪烁着古老幽深的中华

赵州桥雪景

文明之光。

　　赵县在历史上曾多次被设为州来治理，所以古时称为赵州。其历史沿革最早可以推至商代。春秋战国时期开始称为棘蒲，西汉时期封为棘蒲侯国。东晋十六国时(529年)赵郡(县)设殷州，北齐天宝二年(551年)为了避太子名讳，改殷州为赵州。隋开皇元年(581年)又将赵州改为赵郡。唐代时在州郡的名称之间曾反复改变，最终恢复为州治。宋代大观三年(1109年)把赵州升为庆源军节度。宣和元年(1119年)又升为庆源府，1129年庆源府改为赵州，1151年更名为沃州。1234年废赵州置永安州，1235 年废永安州改称赵州。清朝雍正三年（1725 年），升赵州为直隶州。民国二年，改赵州为赵县。

在赵县，最著名的景观莫过于赵州桥，它建于隋代。隋朝统一中国后，结束了长期以来南北分裂、兵戈相见的局面，并且大大促进了当时中国社会经济、文化等各方面的发展。当时的赵县是南北交通必经之地，从这里北上可到达重镇涿郡（今河北涿州市），南下可抵达京都洛阳，因此这里的交通十分繁忙。但是这一交通要道在当时却被城外的河流所阻断，严重影响了人们的交通往来，而且每当洪水季节甚至不能通行，鉴于这种

在赵县，最著名的景观莫过于赵州桥

历时千年的赵州桥

情况，隋大业元年（605 年）当地政府决定在河上建造一座大型石桥，以结束长期以来交通不便的状况。李春作为负责大桥设计和施工的主要工匠，率领其他工匠一起来到这里，他对河及两岸的地貌地况等进行了实地考察，在总结前人建造桥梁经验的基础上，结合当地的实际情况提出了独具匠心的设计方案，最终出色完成了建桥任务。李春及其他工匠在设计和施工的过程中提出了许多技术上的创新方案，并在赵州桥的建造上得到了运用，取得了伟大的成就。他们独具匠心的设计将我国古代建桥技术提高到一个全新的水平，这是

"神桥"赵州桥

赵州桥

历史上一个伟大的创举。

　　赵州桥从建成距今已将有 1400 多年的历史了，经历了 10 次水灾，8 次战乱和多次地震，尤其是 1966 年邢台发生的 7.6 级地震，从邢台到这里大概有 40 多公里的路程，这里也有四五级地震，赵州桥都没有被破坏，著名桥梁专家茅以升说："先不说桥的内部结构如何，仅就它能够存在一千年多年就证明了一切。"1963 年的水灾大水淹到桥拱的龙嘴处，据当地的老人说，站在桥上都能感觉桥上面巨大的晃动。

　　据记载，赵州桥自建成至今一共修缮过

历经 9 次修缮，赵州桥基本保持了隋代的原始风貌

九次。赵州桥建成投入使用 200 年后，即唐德宗贞元八年 (792 年)，大水冲坏了北桥台西侧的护桥坟岸，桥上小拱也倾斜毁落。于是当年即迅速补上石头重新修砌，并"补植栏柱"还赵州桥以本来面貌。这是有史料记载的第一次修缮。

第二次是宋英宗治平三年 (1066 年)，赵州桥桥台石敧斜，于是对赵州桥进行了第二次修缮。此后，赵州桥在 500 年内没有修缮过，一直到了明嘉靖年间 (1522—1566 年) 才对赵州桥连续进行了三次修缮，主要是更换了桥面石，修筑了南北码头以及栏板柱脚，并仿旧龙兽图案栏板复制了部分石栏，还增加了一些新的故事形象石栏板。根据历史记载，第五次还对大桥拱券进行了修缮。

第六次对赵州桥进行修缮是在明万历二十三年 (1597)，这次修缮可能也修补了部分拱券。第七次修缮赵州桥是在清朝，但对于具体的修缮内容没有明确的记载，所以修缮了哪些方面不是很清晰。

1933 年，我国著名建筑学家梁思成率领有关专家和工作人员，对赵州桥的基础进行了勘测并且撰写了详细的调查报告，并在此基础上绘制了实测图。他在报告中写道："为

建筑学家梁思成故居

历时千年的赵州桥

赵州桥的设计者李春像

要实测券基，我们在北面券脚下发掘，但在现在河床下约70—80厘米，即发现承在券下平置的石壁。石共五层，共高1.58米，每层较上一层稍出台，下面并无坚实的基础，分明只是防水流冲刷而用的金刚墙，而非承纳桥券全部荷载的基础。因再下30—40厘米便即见水，所以除非大规模的发掘，实无法进达我们据学理推测的大座桥基的位置。"

1956—1958年，国家拨专款30万对赵州桥进行抢救性修缮，修缮后的赵州桥基本上保持了隋代的原始风貌。这次修缮由我国著名桥梁泰斗茅以升主持，在这项工程结束后，茅以升还撰写了《安济桥》，使得赵州桥的名字传遍了大江南北，让人们耳熟能详。

1979年5月，由中国科学院自然史组等四个单位组成联合调查组，对赵州桥的桥基进行了调查，自重为2800吨的赵州桥，它的根基只是由五层石条砌成高1.55米的桥台，直接建在自然沙石上。可以说，这么浅的桥基简直令人难以置信。有些建筑学家在此之前认为这只是防流水冲蚀而用的金刚墙，而不是承载桥券所有

荷载的基础。

赵州桥一景

为了保护赵州桥，20 世纪末在赵州桥
东一百米处新建了桥梁，其结构是沿袭赵州
桥的，只是把主拱上的小拱数量增加到一边
五个。

（三）众说纷纭的建桥时间

关于赵州桥的确切建造年代历来是众说
纷纭，但以隋朝后期"605—608 年"和"605—
616 年"之说最为普遍。这是因为在赵州桥
上的游客题名石中发现了宋代人石刻迹象，
上有"桥作于隋大业年间……"等字样，因
此"赵州桥隋大业年间"的说法得到了普遍
的认可。以下几种关于建桥时间的记载，可

赵州桥一景

以为这些说法很好地佐证。

1.据《金石汇目分编》卷三补遗中记载：安济桥下曾发现唐山石工李通的题名石，上刻有"隋开皇十□年"字样。这里所说的唐山，也称为尧山，在今天河北省隆尧县东北，与赵县相距很近，因此这种说法与安济桥西部采石区的获鹿县相比较，更加接近赵州桥的桥址。隆尧县境内的尧山，历史上出产石料，技艺高超的石匠层出不穷，因此李通作为唐山匠师亲身参加赵州桥工程建设是很自然的。而这一石刻是当时当地的石工留下的题记，所指示的年代应当比宋人更加可信。这样看来，以隋开皇十□年定论，赵州桥应建于隋开皇十一至十九年（591—599年）间。

2. 这一说法是在赵州桥东南方的河床中，发现了一个八角形石柱，有一篇《新修石桥记》是刘超然所写的，上面的文字写道："隋人建石桥凡十百祀，壬申岁（792年）七月，□水方割，陷于梁北之左趾，下坟岸□崩落，上排筊又嵌敧，则修之可为……贞元九年四月十九日。"这段文字是关于赵州第一次修缮的记录。这个记载说明了792年被大水冲坏的赵州桥，已建成将近二百

关于赵州桥的确切造桥年代，历来是众说纷纭

历时千年的赵州桥

015

赵州桥石刻

年了，据此，可推定赵州桥建于 592 年左右。

3.1955—1958 年对赵州桥进行了修缮，这是中华人民共和国成立后的首次修缮，在桥址河床处挖出大块积石 1200 余块，其中有六块刻字的修桥主题名石，可以认为这些积石都是建造时所题名的。

赵州桥上刻有许多东西，不但有花饰、蛟龙这些石刻，还有建桥时的官员的职名、官位，如："云骑尉""骁骑尉"等。查此官职，均始于隋开皇六年（588 年）。《隋书》载："开皇六年，尚书著二十四司各置员外郎一人，以司其曹之籍帐……吏部又别置朝仪、通仪、朝清、朝散、给事、承奉、儒林、文林等八部，武骑、屯骑、骁骑、游骑、飞骑、旅骑、云骑、羽骑八尉，其品则正六品以下，以九品以上……"

隋文帝时的官员职名，从开皇六年至二十年一直到仁寿年间，改称的不是很多。而到炀帝登位后，则变动非常大。《隋书》中记载："炀帝即位，多所改革，三年定令，品自第一至第九，唯置正从而除上下阶。""旧都督以上，至上柱国，凡十一等，及八郎、八尉、四十三号将军皆罢之"。从这些记载可以看出，修桥所刻的官职

名，只是隋开皇六年至隋大业前这一时期（586—604年）。由此可以从侧面推断出，赵州桥并非建于炀帝大业年间（605—618年），而是建于隋开皇六年到隋大业前这段时间。

4. 曾在赵州桥北面的洞下，找到了一块"赵卞非"题名的大石。这块石头因为受到历年大水的冲刷，上面的文字大多被湮没，仅剩下二十多个字依稀可以辨识，石刻上有"乙丑"二字，由此可以推断这些字是大业元年（605年）刻上去的。可以认为，这是在赵州桥建成后有游客到这里留下的。这一说法与《宝刻丛编》中的"栾

《宝刻丛编》碑帖

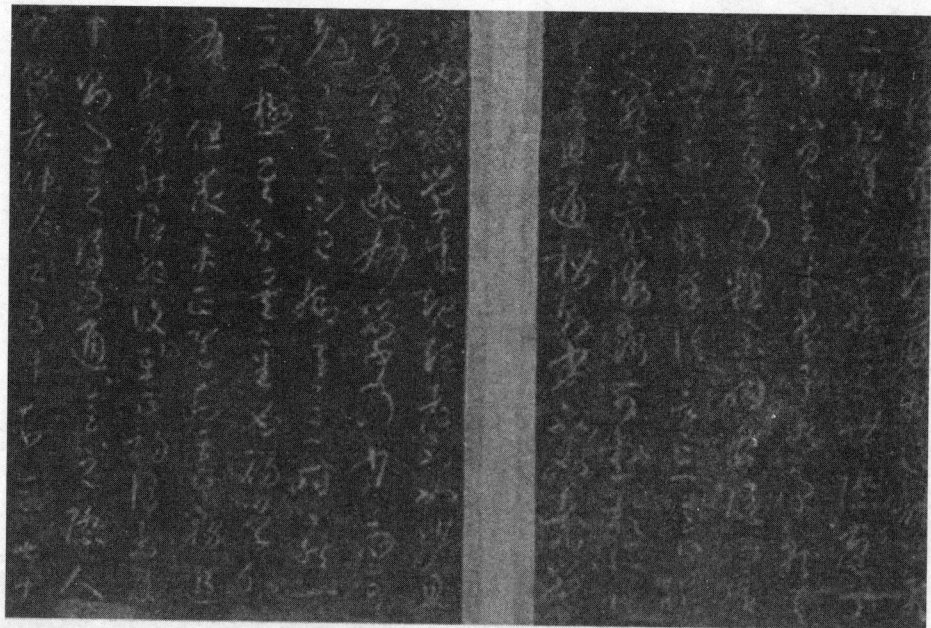

赵州桥

州使君江夏徐口碑"的说法类似。《宝刻丛编》上记载着"郗士威撰侯彦直分书,大业二年七月十五日立大川石桥前"的文字。说明石碑树立时(606年),赵州桥已经竣工并且可以使用。

5. 众所周知,隋开皇年间,也就是隋文帝在位期间,文帝推行轻刑减税的政策爱护平民百姓;而且他还十分尊重女子,即使对待民妇和奴婢也是爱护有加,沿用并推行北齐的"均田法"(普通民众一夫受露田80亩,一妇受田40亩,奴婢受田与良人同等)。因此在赵州桥址掘出的修桥主题名石上,刻有"大女赵妃""大女马"等女子之称,反映了妇女在当时的社会地位与经济能力的优

东平湖美景

越性。可以推断这种情况是隋文帝在位时发生的，而这在以暴政著称的隋炀帝执政期间（大业年间）是难以想象的。

隋文帝非常重视女性。他之所以能够轻易地推翻北周而建立隋，正是与他的女儿是周宣帝正后的这一特殊关系分不开的。在隋文帝建立隋朝以后，国力不是很强大，要依靠鲜卑贵族对隋朝的支持，因此让他的妻子，皇后独孤氏（鲜卑人）直接参政权的管理，皇宫中，尊称她为"二圣"。而且在开皇中后期，隋文帝还将安义公主许配给突利可汗，以利用邻邦的帮助成就自己大业。

综上所述，可以看出隋文帝是非常重

视妇女的，他认为妇女在促进经济发展和政治斗争中有着不可忽视的作用。因此，从赵州桥石刻上关于妇女的题名可以看出赵州桥是建于开皇年间的。

6. 山东东平县，建有"清水石桥，在县西三里，隋仁寿元年（601年）造，石作华巧，与赵州桥相埒……"此文表明在601年造清水桥时，赵州桥不仅建造成功，且已声名远扬，成为各地争相效仿的代表作了。

7. 我们在介绍赵州桥时介绍了它大胆创新的设计，并且还伴有"敞肩""坦拱"等结构型式，其跨度之大为当时中外石拱桥之最，这些在当时都可以称为造桥历史上的创新，在建筑艺术与施工技巧等方面都可以

赵州桥在设计上大胆创新，尝试"敞肩"和"坦拱"等结构形式

历时千年的赵州桥

赵县赵州桥牌匾

赵州桥

说是独创的。这种大胆的创新设计不可能是历史的偶然，这些著名的设计工匠也是在借鉴前人宝贵经验的基础上，结合当时各地的桥梁建造的优点，集历史大成所产生的飞跃性的作品。因此我们沿着赵州桥的建造足迹，一定会找出在同一时期许多建造的桥梁，在这些桥梁中可以找到赵州桥的建造佐证。

在一些考查报告和史籍记载中，隋代主要桥梁大多建于隋开皇中期（590年）前后，具有代表性的有山东胜县城南40里的外官桥，它跨薜河，为高一丈的九孔石桥，建于开皇八年（588年）。李白称赞的"双桥落飞虹"的济川桥，也为开皇时所造，桥址位

济川桥

历时千年的赵州桥

武溪桥

于安徽宣城德门之外，横越宛溪。湖南元江县十八里，有古横桥，为隋开皇九年建。隋越公杨素所筑江西太和县武溪桥及《畿辅通志》载：跨方顺河的石拱桥，皆建于此年间。这些史料的记载都足以说明赵州桥是建于隋朝开皇年间的。

综合以上历史文献资料可知，赵州桥不应该是"隋炀帝大业年间（605—618年）所建，可以认为赵州桥是隋文帝开皇十一至十九年（591—599年）间的一项伟大工程。

二 赵州桥的独特设计

我国古代石拱桥形状多为半圆形

赵州桥以其独特的设计、如月如虹般的造型赢得了自古至今许许多多文人墨客的赞赏。唐代中书令张嘉贞特地为所桥作《安济桥铭》，认为"制造奇特，人不知其所为"。唐朝的张称："郡南石桥者，天下之雄胜。"明人祝万祉在诗中说："百尺高虹横水面，一弯新月出云霄。"这些赞赏都恰如其分地形容了赵州桥的独特与绝美。

（一）设计创新

1. 采用圆弧拱形式

这一形式改变了我国大石桥多为半圆形拱的传统。

我国古代石拱桥的形状大多为半圆形，

这种形式的优点是比较优美、完整，但也存在两方面的缺陷：一是交通不便，半圆形桥拱对跨度比较小的桥梁比较适合，但是跨度大的桥梁选用半圆形拱，就会使拱顶很高，这样就会造成桥很高而坡变得很陡，给行人和车马行走，带来了很多不便。二是施工不便，半圆形拱石的结构在建造砌石时，必须采用很高的脚手架，随之而来就增加了施工的危险性。

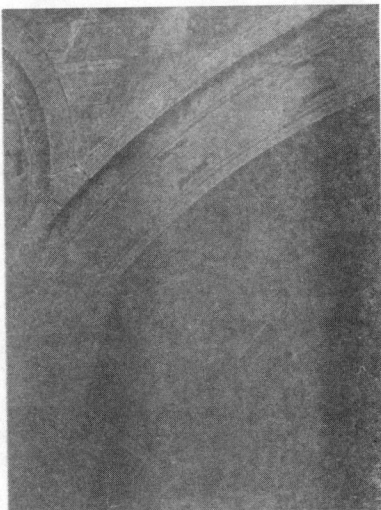

赵州桥弧拱特写

鉴于以往桥梁的这些缺点，李春和工匠们集思广益，创造性地采用了圆弧拱形式，这样石拱的高度就大大降低了许多。赵州桥的主孔净跨度为 37.02 米，而拱高只有 7.25 米，拱高和跨度之比为 1:5 左右，这样就实现了低桥面和大跨度的双重目的，这种圆弧拱形式的桥面过渡平稳，车辆行人非常方便，同时这样的形式还具有省用料、施工方便等优点。当然，任何设计都会存在一定的缺陷，圆弧形拱对两端桥基的推力相应增大，需要对桥基的施工提出更高的要求，这在当时建筑技术发展水平不高的条件下，是一项很困难的工程。

2. 采用敞肩的拱肩形式

以往的桥梁建筑多采用实肩拱的形

赵州桥桥身上的小拱利于泄洪，提高了大桥的安全性

式，这种形式需要大量的土石材料，桥身的自身重量也相对增加了，李春就在设计中对拱肩进行了重大改进，改为敞肩拱，即在大拱两端各设两个小拱，靠近大拱脚的小拱净跨为3.8米，另一拱的净跨度为2.8米。这种大拱加小拱的敞肩拱形式具有优异的技术性能：首先，它增大了泄洪能力，减轻了洪水季节由于水量增加而产生的洪水对桥的冲击力。古代洨河每逢汛期，水势很大，对桥的泄洪能力是个很大的考验，在这种敞肩式的设计中，四个小拱就可以分担部分洪流，据计算，四个小拱可增加

过水面积 16% 左右，大大降低了洪水对大桥的冲击，提高了大桥的安全性。

其次，敞肩拱之形与实肩拱相比可节省大量土石材料，也减轻了桥身的自重，据计算四个小拱可以省下石料 26 立方米，自身重量也可以减轻 700 吨，从而减少了桥身对桥台和桥基的垂直压力和水平推力，增加了桥梁的稳固性。

第三，增加了造型的审美性，四个小拱是呈现均衡对称设计的，大拱与小拱构成了一幅完整的图画，显得更加娟秀轻盈，体现了建筑和艺术的完整统一。

大拱与四个对称的小拱构成一幅完整的图画

赵州桥独特的设计

多孔桥梁的泄洪能力较差

最后，这种结构还具有科学性，符合结构力学理论。敞肩拱式结构在承载时使桥梁处于有利的状况，可减少主拱圈的变形，提高了桥梁的承载力和稳固性。

3. 单孔长跨的形式

我国古代的桥梁建筑方法是，一般比较长的桥梁多采用多孔形式，这种多孔形式具有每孔的跨度小、坡度平缓、便于修建的优点。但是多孔桥也有缺点，如桥墩多，既不利于船舶的航行，又阻碍了洪水的宣泄能力；这样的多个桥墩长期受水流冲击、侵蚀，久而久之容易倒塌损毁，对过往行

高拱石桥坡度陡且施工危险性大

人的安全造成了一定的威胁。因此，李春在设计大桥时，采用了单孔长跨的形式，河心不立桥墩，使石拱跨径长达 37 米之多。这样的设计不仅增加了石桥的泄洪能力，而且安全性也大大增加了。这是我国桥梁史上空前的创举。

（二）建造技术的创造性

1. 桥址选择比较合理，使桥基稳固牢靠。

桥梁的位置选择不是一个随意的过程，而是要根据当地的地理情况，经过仔细的勘察比较才可以完成的。

赵州桥独特的设计

李春和一些工匠就是根据自己多年丰富的实践经验，经过严格周密的勘查、比较，最后选择了洨河两岸较为平坦笔直的地方建桥。这里的地层是由河水冲积而成的，地层表面是经过长久的水流冲刷而成的粗沙层，在粗砂石层下面是细石、粗石、细沙和黏土层。现在对这些土层进行了测算，这里的地层每平方厘米能够承载4.5—6.6公斤的压力，而赵州桥对地面的压力是每平方厘米5—6公斤，这样的选址就能够大大满足大桥的承重要求。因此可以说桥址的选择是很重要的，从赵州桥建成到现在一千多年的时间，桥基仅下沉了5厘米，

赵州桥桥址选择比较合理，为桥基稳固牢靠打下基础

赵州桥

说明当时设计师李春的选择是非常正确的，也证明这里的地层非常适合建桥。

2. 赵州桥的砌置方法新颖、施工修整方便。

赵州附近州县生产的石料是非常好的建桥材料，这种质地坚硬的青灰色沙石在附近州县有很多，有便于李春就地取材。

在石拱的砌置方法上，李春采用的是顺着桥的方向纵向砌置的方法，这种方法就是：整个大桥是由28道每道都独立的拱券沿宽度方向并列组合而成，拱厚均匀的为1.03米，每券各自独立、单独操作，非常轻巧灵便，每券砌完全合拢后就成一道独立拱券，

建造赵州桥用的石料质地十分坚硬

赵州桥独特的设计

当把承担重量的"鹰架"进行移动时，就再砌另一道相邻的拱。

这种砌桥方法有非常多的优点，首先，它可以节省制作"鹰架"所用的木材；其次，它非常易于移动；第三，这种方法有利于桥梁进行多次维修，这是因为一道拱券的石块损坏了，只要嵌入新石，局部修整就可以完成了，而不必对整个桥进行修改。这样就大大减少了修缮桥梁所用的时间和费用，不但在当时方便省时，而且还为后人对桥梁的修整提供了方便。

李春采取的纵向砌置的方法，为后人修整提供了方便

赵州桥

3. 在保持大桥稳固性方面采取了很多严密措施

桥梁是供人们行走的，为的是方便交通，但桥梁的安全性却是最主要的因素，因此在建造桥梁时，设计师都会把安全性和稳定性放在第一位。同样，赵州桥的建造者李春也是首先考虑到桥梁的稳固性的，并且在增加桥梁的稳定性方面采取了许多措施。

为了加强赵州桥各道拱券之间的横向联系，使 28 道拱组成一个有机整体，能够紧密的联系并且达到牢固的目的，李春采取了一系列技术措施：

(1) 每一拱券都运用了上窄下宽和略有"收分"的方法，这样的设计可以使每个拱券向里面倾斜、紧紧靠拢，增强桥梁的横向

为了保证赵州桥的稳固性，李春采取了许多有效措施

赵州桥桥拱底部

赵州桥拱石连接处穿起"腰铁"起到了加固作用

赵州桥

屹立在白雪中的赵州桥

联系，这是为了防止拱石向外面倾斜，造成坍塌。在桥的宽度建造上也采用了少量"收分"的办法，就是从桥的两端到桥顶把桥宽逐渐收缩，具体是从最宽处的 9.6 米收缩到 9 米，在收缩的过程中可以加强大桥的稳定牢固性。

（2）赵州桥的设计中还在主券上沿桥宽方向设置了五个铁拉杆，每个拉杆的两端，有半圆形的杆头裸露在石头外面，穿过 28 道拱券，以夹住这 28 道拱券，增强桥梁的横向联系。

每块拱石的侧面都凿有细密斜纹

在四个小拱上也各有一根铁拉杆，起着相同的作用。

（3）赵州桥在设计时还对拱石进行了保护，即在靠外侧的几道拱石上和两端小拱上建造了一层护拱石，这样可以起到保护拱石的作用，加强桥梁的稳固性。还在护拱石的两边设计了六块勾石，为的是钩住主拱石，使这些拱石都连接在一起增加牢固性。

（4）在以上设计的基础上，为了使邻近的几块拱石紧紧贴合在一起，在两侧外券邻近的拱石之间还穿有起连接作用的"腰铁"，各道券之间邻近的石块也都在桥拱背上穿有"腰铁"，把拱石连锁起来。为了增大桥梁的摩擦力，加强各券横向的联系，在每块拱石的侧面都凿有细密斜纹。这些措施的采用使整个大桥连成了一个紧密的整体，增强了整个大桥的稳定性和安全性。

4.独具特色的赵州桥桥台

赵州桥在桥址的选择上是经过细心的勘探的，这样做就是为了找到一个最佳的位置建造桥梁。当桥址选定好后，接下来就是桥台的建造过程，可以说桥台是整座

赤水桥

大桥的基础,它必须能够承受大桥主拱圈(桥身主体)轴因向力分解而成的巨大水平推力和垂直压力。赵州桥的桥台就秉承了这样的设计理念,并且独具特色。

(1) 拱脚比较低。赵州桥的拱脚在河床下仅半米左右,这在当时的桥梁中是属于比较低的了。这样的拱脚也是在为整个大桥的稳固性做基础。

(2) 较浅的桥基。桥基底面在拱脚下 1.7 米左右,这与其他桥梁的桥基相比是非常浅的。据记载,赤水桥的桥基是 4.5 米左右。

(3) 很短的桥台。由上至下,用逐渐加厚的石条砌成 5 米长、6.7 米宽、9.6 米高的

横跨在洨河之上的千年古桥——赵州桥

桥台。这是一个既经济实用又简单的桥台。为了保障桥台的稳定性，李春采取了许多稳固基础的措施。为了减少桥台的垂直位移（即由大桥主体的垂直压力造成的下沉），他还采用了在桥台边钉入许多木桩的措施，这些措施都可以加强桥台的基础，这种方法在今天的厂房、桥梁建筑中也经常采用。为了减少桥台的水平移动（即由大桥主体的水平推力造成的桥台后移），李春采用了拉长桥台后座的办法，以抵消水平推力的作用。

为了保护桥台和桥基，李春还在沿河一侧设置了一道金刚墙，一方面可以防止水流的冲击作用；另一方面金刚墙和桥基、桥台连成一体，增加了桥台的牢固性。李春等工匠在建造桥梁的过程中，处处想到要加强桥梁的稳定性，而这些措施也为这座千年古桥的存在打下了坚实的基础。

（三）赵州桥的设计原理

赵州桥在设计上运用了单孔的设计方式。运用单孔石拱架，既增加了排水的作用，又方便了船舶的往来。石拱的跨度为37.7米，连南北桥堍（桥两头靠近平地处），总长50.82米。采取这样的巨型跨度，在当时是一个空前的创举。石拱跨度很大，但拱矢（石拱两脚连线至拱顶的高度）只有7.23米。拱矢和跨度的比例大约是1：5。可见桥高比

赵州桥采用单孔石拱架，不但增加了排水效率，还方便了船舶往来

赵州桥独特的设计

坦拱降低了桥的坡度，方便了往来车马行人

赵州桥拱肩上的小拱

赵州桥

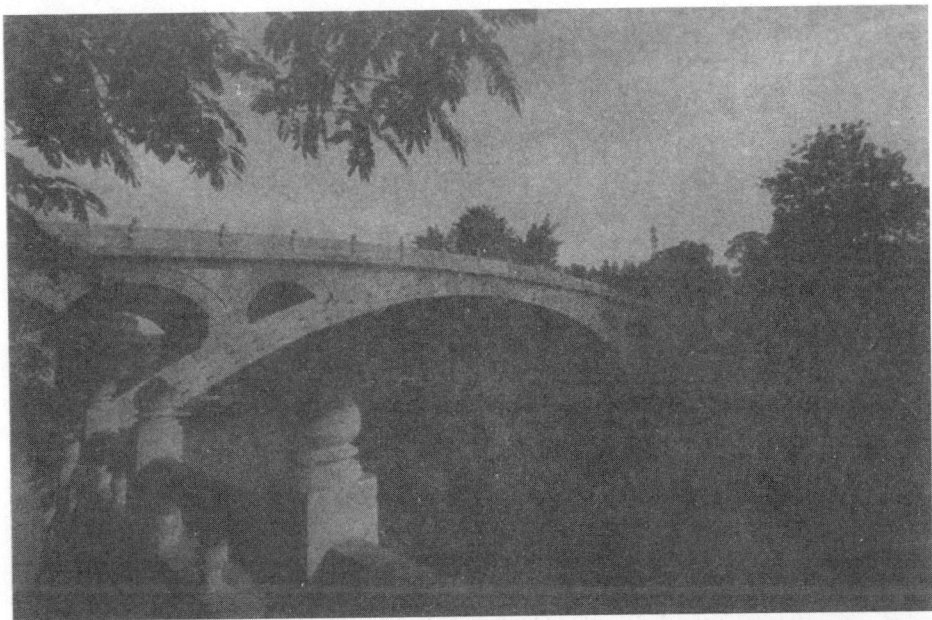

敞肩拱的优点在于能减轻桥体的重量，同时也节省了建筑材料

拱弧的半径要小很多，整个桥身只是圆弧的一段。这样的拱，叫做"坦拱"。坦拱降低了桥的坡度，方便了往来的车马行人。而更为绝妙高超的是，在大石拱的两肩上各砌了两个小石拱，从而改变了过去大拱圈上用沙石料填充的传统建筑形式，创造出了世界上第一个"敞肩拱"的新式桥型。这是一项伟大的科学发明，其优点在于：第一，减轻了桥体的重量，节省了许多建筑材料。经过计算，这四个小拱留下来的空间可以把材料填充进去，可以填料 180 立方米，大约 500 吨左右。这不但省工省料，还减轻了桥身净重的 15.3%，从而降低了石桥对河岸地基的压

力，相应地增加了桥梁的安全系数，使得桥梁的使用期限相应延长了许多。此外，这种做法充分运用了小拱对大拱所产生的"被动压力"，从而大大增加了桥梁的牢固性。第二，四个小拱留下的四个小洞，增加了排水量。在洪水较大的季节，桥下过水的面积增加，相对减轻了洪水对桥身的冲力。第三，大拱之上加两对小拱，显得均衡、对称，给人以一种轻巧的美感。赵州桥这一美轮美奂的造型使得它更加绰丽

赵州桥拱肩上的四个小拱不仅增加了排水量，而且使整个桥的造型更加优美

赵州桥

多姿。

　　赵州桥的施工方案非常科学巧妙。在桥梁建筑中，砌筑拱洞的方法有两种，一种是横向联式砌筑法，另一种是纵向并列式砌筑法。其中横向联式砌筑的拱洞是一个整体，比较稳固，但是这种砌筑法的缺点是要搭上大木架，而且一定要在整个拱洞建造完成后，才能把这个大木架拆除掉，这样就会造成很长的施工期，既费时又费力。纵向并列的砌筑方法是把整个大桥沿宽度用 28 道独立的拱券并列结合起来。每道拱券独立修筑，合起来以后自成一体。这种砌筑方式是在一道拱洞砌完后，就把砌筑时用的大木架移走，

赵州桥横跨洨河，给人以轻巧的美感

赵州桥独特的设计

047

然后就接着砌另外一道，然后再移走木架，就这样一道一道地砌筑。这种纵向并列式的砌筑方法的优点是，既节省了搭木架的材料，又便于移动木架分别施工，并且以后还便于维修。因为每道拱券都能独立承受重压，28个拱券拼成一个大拱券，如果某一道拱券损坏了，可以部分施工维修，而且不影响整个桥身安全。

但是，纵向并列砌筑法也存在一定的缺陷，并列的拱券之间缺乏联系，整体结构并不结实。李春在建造赵州桥时之所以大胆采用纵向并列砌筑法，是由于他充分考虑到了洨河的水文情况和施工进度的矛

赵州桥桥面栏杆上的雕刻

赵州桥

赵州桥跨度很大，所以稳定性和安全性显得尤为重要

盾。在当时条件下，建造这样的大石桥不可能短期竣工。而洨河冬枯夏涨，如果采取横向联式砌筑法，工程进行到一半，遇上洪水，木架和已砌成的部分桥梁就要被冲毁，可是采取纵向并列砌筑法即使遇上洪水，也不会太受影响。当时李春为了克服纵向并联砌筑法整体结构不结实的缺点，采取了一系列的措施，他先用九条两端带帽头的铁梁横贯拱背，串连住28道拱券，加强横向联系，再对两块毗邻的拱石，用双银锭形的腰铁卡住，然后在桥的两侧设计长1.8米，外头向下延伸五厘米的勾石六块，这样可以钩住主拱券。拱券外还有护拱石，这样整个桥身就可以连

赵州桥经受住了 1000 多年的风雨考验，凸显
出我国古代工匠高超的智慧和技艺

赵州桥一景

接在一起。另外，利用拱脚比拱顶宽 0.6
米的少量"收分"来防止拱券倾斜。赵
州桥经过 1400 多年的洪水、地震等灾害
的考验，证明了这种施工方案是极其科
学的。

赵州桥

三 赵州桥『三绝』

赵州桥是世界桥梁史上的一个创举

赵州桥是当今世界上跨度最大、建造最早的单孔敞肩式石拱桥，是世界桥梁史上的一个创举。赵州桥这一伟大的桥梁建筑在其设计中，有一些人们意想不到的绝妙之处。人们把这些设计称之为赵州桥"三绝"。

（一）"券"小于半圆

在我国古代建筑中，人们习惯上把弧形的桥洞、门洞这样的建筑方式叫做"券"。在中国古代桥梁中，一般石桥的券大部分都是半圆形的，我们介绍的这种半圆形的券不适合在跨度大的桥梁中使用。赵州桥的跨度就非常大，从这一头到那一头有

传统的单拱石桥拱券为半圆形

37.04米。如果把券修成半圆形，那桥洞就要高18.52米。这样车马行人在桥上行走，就好比越过一座小山，非常费劲。赵州桥的券是小于半圆的一段弧，这样既减低了桥的高度，减少了修桥的石料与人工，又使桥体非常美观，如天上的长虹、弯月一般。

（二）"撞"空而不实

券的两肩叫做"撞"。普通石桥的撞都用石料砌实，但赵州桥的撞没有砌实，而是在券的两肩各砌了两个弧形的小券。这样不仅节省了大约180立方米石料，而且还使桥的重量减轻了大约500

赵州桥在券的两肩各砌了两个弧形的小券

赵州桥"三绝"

053

赵州桥

赵州桥既保证了桥体的稳固性和安全性，又兼顾了桥身的整体造型

赵州桥的特殊设计对泄洪起到非常大的作用

赵州桥"三绝"

赵州桥拱石特写

吨。这样的一个建造对桥梁排泄洪水起到了非常大的作用，每当洨河涨水时，一部分水可以从小券流过，既可以排水，又减少了洪水对桥的冲击，保证了桥的稳固和安全。

（三）洞砌并列式

赵州桥的设计中用了 28 道小券并列成 9.6 米宽的大券的方式。可是用并列式砌，各道窄券的石块间没有联系，这样的建造没有纵列式牢固。李春为了弥补这个缺点，在建造赵州桥时，在各道窄券的石块之间加了铁钉，将它们连成了整体。用并列式修造的窄券，即使坏了一个，也不会牵动全局，维修起来比较容易，而且在桥梁维修时也不会影响桥上的交通。

四 赵州桥的生动传说

赵州桥是中国第一座石孔桥，其结构独特、气势非凡，被誉为华北一宝。民间有"沧州狮景州塔，赵州石桥大菩萨"的民谚，在国内外享有盛名。众所周知，赵州桥是我国造桥史上的杰作，是隋代杰出工匠李春和众多石匠共同建造的，但在民间传说中，认为此桥是巧匠鲁班所建。说是昔日，河水浊浪翻滚，汹涌而下，两岸百姓只得靠木船摆渡。一天夜里，月光皎洁，木匠祖师鲁班，赶着白花花的羊群来到这里。瞬间，羊群化作各种各样的石头落入河中。鲁班借势挥锤动工，到拂晓时分，桥梁建成。这个传说在民间流传颇广，

鲁班雕塑

赵州桥

张果老倒骑毛驴塑像

在百姓心中留下了深刻的印象。同时赵州桥的独特设计与牢固的桥体也深深地刻在了人们心中，从古至今许多到过此处的人都赞叹它如月如虹的设计，史册上关于赵州桥的歌谣和文学作品不胜其数，在民间更是流传有许多关于赵州桥的美丽动人的传说故事。

（一）张果老倒骑毛驴

古时候，有一位能工巧匠名叫鲁班，他用一夜时间，在赵州城南洨河上建成了一座大石桥，这座石桥为当地百姓带来许多便利。因此这个振奋人心的消息，被当地百姓传向了四面八方，而且越传越远，一直传到了天上，被仙人张果老听到了，好奇的张果老不相信鲁班能有这样大的本领，于是就骑上毛驴邀请柴王爷推车、赵匡胤拉车来到了赵州洨河。三人来到赵州洨河畔，看了这座桥的构造都非常佩服。他们都觉得赵州桥犹如苍龙飞架，新月出云，又似长虹饮涧、玉环半沉，非常奇妙。于是三人赞叹道："鲁班造桥果然名不虚传，真是天下奇工啊！"

这时，好动心计的张果老，对柴王爷说："咱们这次来不能白跑一趟，应该考验考验鲁班，不能让他由此产生骄傲情心理"柴王爷和赵匡胤都非常赞同。这时鲁班见到三位仙人迎面而来，招呼道："欢迎三位贵客光临！请多多指教！"张果老问道："鲁先生，听说你造的这座桥不错，名扬天下，能让我骑上毛驴过一趟吗？"鲁班

鲁班庙

赵州桥

赵匡胤像

柴王爷塑像

赵州桥的生动传说

鲁班像

赵州桥公园内的八仙雕塑

赵州桥

张果老倒骑驴雕像

听了，毫不在意地说："自从这座桥建成以后，千军万马都过得去，你这小小的毛驴不在话下。"张果老接着说："如果我骑毛驴能平安走一趟，从此以后我就倒骑毛驴。但是，如果你建的大桥经不住我走一趟，请你远走高飞，不要在此逞能，妄称天下匠师。"鲁班苦笑着答应了张果老的要求。这时，柴王爷和赵匡胤也拍着胸脯要求一同过桥。于是，鲁班也答应了他们两人的要求，满不在乎地说："大小车辆从早到晚在桥上过，就凭你们这辆破独轮车，还能把大桥轧坏？太可笑了！"三位仙人一商量觉得鲁班很狂妄，觉得这座大石桥不会建造得这么稳固，三人想灭灭

赵州桥上的车辙印

他的嚣张气焰。

于是瞬间，三人走上桥，张果老转身一施法术，拘来日月星辰，顺手装进身上的褡裢里。柴王爷和赵匡胤也各自施用法术拘来了五岳名山，轻

在传说中，张果老是因赵州桥与鲁班打赌认输后才开始倒骑毛驴的

轻地放在了独轮车上。这时，三人的重量是非常重的，小毛驴被压得直叫、车子被压得直响。三人还没有走上桥顶，大桥就经受不住了，开始摇晃起来，鲁班看

传说中柴王爷压出的车辙印

到情况不妙，急忙跳下河去，举起一只手，用尽全身力气托住桥身，大桥才转危为安纹丝不动了。三人平安地走过赵州桥，张果老过桥后，向鲁班当面认输，从此以后就倒骑毛驴了。

这则传说在民间广为流传，为赵州桥

增添了一抹神秘的色彩。

（二）古桥仙迹的来历

　　人们来到在古老的赵州桥上观赏时，可以在桥面上清晰地看到几道车轧形成的小沟，这里面也有着一个动人的传说。当年张果老、柴王爷、赵匡胤过桥时，因毛驴载重过大，留下了几个深深的驴蹄印。柴王推的独轮车超重，车轮子在桥面轧了一道深沟。赵匡胤拉车用力过猛，柴王爷右脚一滑跪在桥面上，留下了一个大大的膝盖印。在桥的拱顶东侧底面，鲁班用力托桥身时，留下了一个大手印。这就是古桥仙迹的传说。这些

传说中张果老的驴留下的蹄印

赵州桥的生动传说

传说中柴王爷过桥留下的车辙印和膝盖印

印迹虽然不知道具体是什么人留下的，但这个美丽的传说给人们带来了无限的遐想。这些仙迹也被誉为"赵州第一胜景"。

后来，京剧《小放牛》里这样唱道："女：赵州石桥什么人修？玉石栏杆什么人留？什么人骑驴桥上走？什么人推车轧了一道沟……男：赵州石桥鲁班爷修。玉石栏杆圣人留。张果老骑驴桥上走。柴王爷推车轧了一道沟……"

五　赵州桥上的精美石刻

赵州桥首创了桥梁工程史上的新型结构，表现了精湛的施工技术，桥上留下了很多具有很高文化价值的雕刻，是中国古代传统文化的一个大载体，同时它又是一件不可多得的古代雕刻艺术瑰宝。赵州桥上惟妙惟肖的各种图案，使人们在欣赏它独特建筑设计的同时，不禁要大加赞叹它上面的精湛石刻。在大桥之上，"玉石栏杆"分列两侧，每侧各设21块栏板和22根望柱。布局是中间每侧设蛟龙栏板5块，蟠龙竹节望柱6根，两侧为斗子禾叶栏板和宝珠竹节望柱。赵州桥的雕饰主要集中在中间部分的栏板和望柱上，龙雕是其精华。中

赵州桥玉石栏杆分列两侧

赵州桥

赵州桥玉石栏杆上精美的雕饰

部每侧有 5 块蛟龙栏板，6 根蟠龙竹节望柱，内外均是龙的形象，每侧有 28 条龙，两侧共计 56 条龙，如果再加上主拱券顶部两侧的各一个蚣蝮，总计 58 条龙，从而形成一个气势恢弘的群龙阵图。上面的蛟龙奇兽或盘或踞，或飞或腾，跌宕多姿，引人入胜。在艺术表现手法上既有粗犷豪放的写意，又有精致细密的工笔；布局详略得当，既有局部的变化又有整体的统一，形成苍劲古朴、浑厚豪放的艺术风格。

赵州桥横跨洨河，宛如长虹飞架，巨身凌空，气势雄伟。它的结构中的弧形平坦的主拱线上，对称地轻伏着四个小拱，仿佛四

赵州桥上的精美石刻

赵州桥栏板上的蟠龙石雕

个巨型花环，装饰在桥身两肩，轮廓清晰、线条明快，在恢弘的气势之中，透露出矫健、轻盈的美感。桥面两旁有扶栏望柱，栏板有蟠龙石雕，栏板正面刻两条龙奋力向前穿透的形状，龙头相背，前脚互相抵着，后尾紧贴板上，龙全身刻鳞甲，构思巧妙。大桥顶部，塑造出想象中的吸水兽，雕塑于石桥上的这种石兽寄托了人们对大桥不受水害、长存无疆的美好愿望；栏板和望柱上雕刻着精美的石雕群像，其中有各式的蛟龙、兽面、花饰、竹节等。大桥上的这些石刻昭示了赵州桥的悠久文化，也是中国古代传统文化的一个重要体现。

赵州桥栏板和望柱上雕刻有蟠龙、兽面、竹节、花饰等图案

赵州桥上的雕塑寄托了人们对大桥免受灾害的美好愿望

赵州桥上的精美石刻

（一）桥上的饕餮

赵州桥上雕刻有很多龙，而在群龙之中，最引人注目的就是位于桥巅的饕餮。饕餮是传说中一种贪吃的恶兽，但在古代书籍中，关于它的记载说法不一，有的说是"有首无身"，有的说是"龙种异称"，还有说是"龙生九子之一子"等等。总之，饕餮是以贪吃、凶险为特征的一种神兽。赵州桥上的饕餮雕刻在大桥顶部最中间位置的整块栏板上，毛发分披、两耳竖起，两只大眼凶光毕露，欻欻开合，怒视前方。饕餮的这一凶恶形象与在桥栏板两旁飘逸的蛟龙形成了鲜明的对比，蛟龙是赵州桥的保护神，它战胜了饕餮，保护了洨河两

赵州桥桥巅上的饕餮雕刻

赵州桥

岸的人民。而雕刻饕餮的用意在于以恶兽示警，劝诫人们向着善的方向行事。

（二）桥上的龙

赵州桥上雕刻有很多龙，这些形象栩栩如生，为这座千年石桥增添了非常恢弘的一笔。龙是传说中的一种神奇灵物。据说龙"能大能小，能升能隐，大则吞云吐雾，小则隐介藏形，升则飞腾于宇宙之间，隐则潜伏于波涛之中"，龙还可呼风唤雨，神通广大。在过去，不论是皇帝，还是普通百姓，都对龙的形象倍加推崇。龙不仅是权威和吉祥的象征，更是吉祥和美好的象征。赵州桥

赵州桥上雕刻有许多龙形图案，栩栩如生

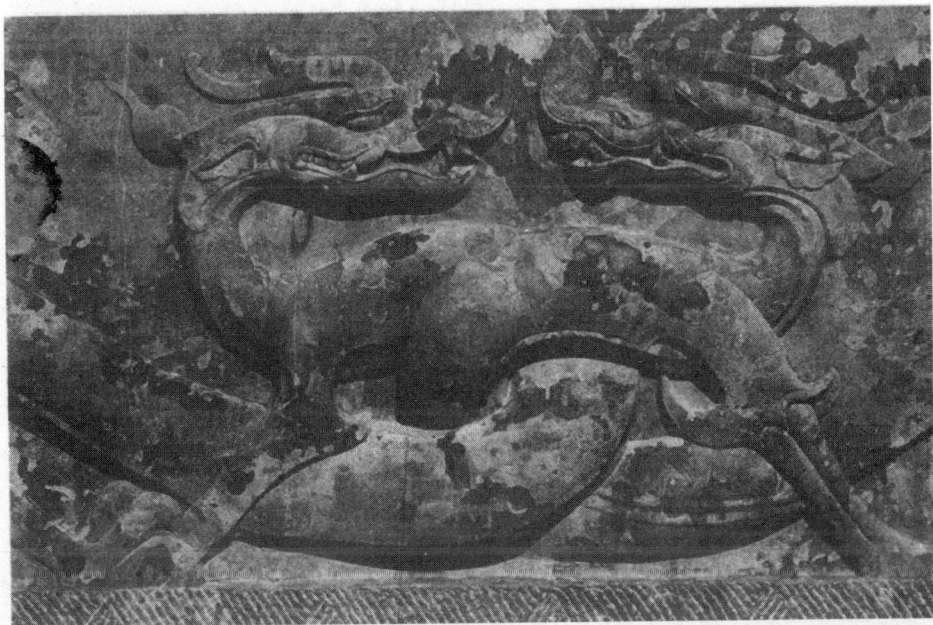

赵州桥上的精美石刻

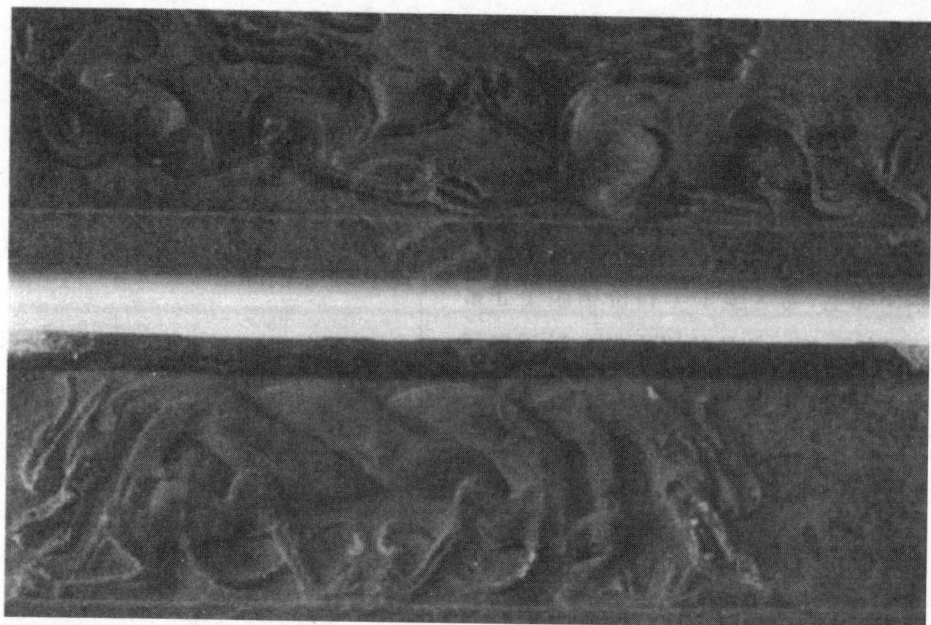

赵州桥的雕栏非常精美

以龙的形象作为雕塑的主体，寄寓了人们希望赵州桥永久长存、风雨不倒、通济利涉的美好愿望。

（三）桥上的吸水兽

赵州桥主拱券顶部两侧，各有一个蚣蝮，样子很像龙头，因此当地的人们把它称为"老龙头"。根据史料记载，这种蚣蝮"属龙种异称……性好水，故多嵌刻在桥涵"。蚣蝮是一种性情善良而且非常喜好水的兽类，因此又称为吸水兽，它能够根据河水的情况适时调节水量，使洨河水"少能载船，多不淹禾"，保佑一方平安，备受百姓崇敬。雕刻者用这种灵异之物镇于桥顶两侧，而且设计时是让它面向滔滔河水，寓示大桥会永避水害、长存永安。

（四）桥上花饰、竹节

赵州桥上的雕刻除了兽类以外，还刻有一些在中国民俗中经常用的器物或用谐音来表示寓意的东西，这在赵州桥的雕刻中是非常多见的。赵州桥两侧的斗子禾叶栏板，选择了人们生活中常见的农作物禾叶和粮食容器斗子，寓意"五谷丰登"。桥上的竹节宝珠望柱，是把佛教"八宝图"中的宝珠和平头竹节融为一体，取其谐音"竹报平安"。元宝在我国古代的寓意是兴旺发达、生活富裕，又是"八宝"之一，大桥以铁制成的对

赵州桥上的竹节形栏柱

赵州桥上的精美石刻

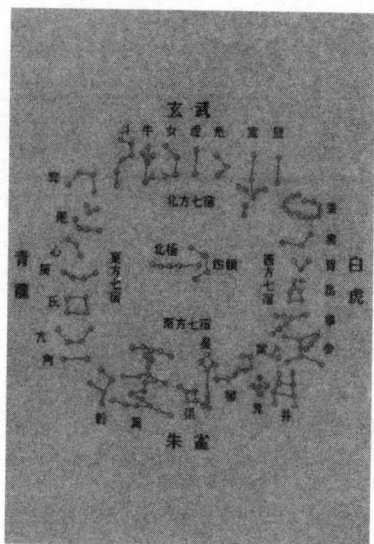
二十八宿图

底双元宝形扒铜镶嵌在每相邻的两块拱石之间，这种设计方式既加固了桥体，同时又起到了美化桥身的作用。在桥顶同样存在这种用器物来寄予希望的雕刻。赵州桥桥顶的仰天石边沿上排有等距离的八瓣莲花帽石，而莲花是佛教的八吉祥物之一，这样的做法寓意着吉祥、平安。

（五）将二十八宿运用于桥上

二十八宿是古人用于观测日月星辰运行时作为坐标的28组恒星或星座，由于它们环绕于天际四周，很像日月五星的栖宿之所，故称为二十八宿。古人还把二十八宿分为东南西北四宫，而每一个宫是以想象中的一种动物来命名的，其中东方七宿为青龙，西方七宿为白虎，南方七宿为朱雀，北方七宿为玄武。青龙、白虎、朱雀、玄武就是所谓的"四象"。二十八宿在传统文化中应用非常广泛，同样，在赵州桥的设计中主拱券共为28道，每侧栏板上有28条龙。这种设计方式正是运用了二十八道主拱对应于天上的四象二十八宿，二十八宿又对应于桥每侧栏板上的二十八条蛟龙。赵州桥一桥之上，包含了天星、蛟龙等许多神物，这些神物好

赵州桥陈列室内的人物故事栏板

像都在保护整座大桥，使得其能够永久存在。我们可以看到整座大桥上的雕刻都不是随意的，而是有一定的依据，有一定的寄托的，这些都充分显示了中国传统文化的博大精深，以及中国古代劳动人民的审美理念。

（六）桥上雕饰的雕刻理念

赵州桥上的雕刻让我们赞叹不已，统观上面的这些雕饰，我们会发现大桥中部较细密，两侧相对简略。雕刻者这样独具匠心的雕刻理念使得这座大桥更显示了它的脱俗之处。赵州桥上的雕刻不像小石桥那样上面雕刻得应有尽有，从头到尾紧密

雕刻不留余处。在赵县有一句俗语："大石桥看功劳，小石桥看花草。"就是说赵州桥工程浩大、年代久远、举世闻名；小石桥装饰华丽，另有特色。赵州桥的雕饰决不是当时造桥者的疏忽和省略，而是因时因地、独具匠心的有意之作。因为赵州桥地处古代交通的要道，过往行人非常繁多，大桥如果不雕刻花饰，那么桥上图案就会显得美中不足，只是用作交通，而失去了欣赏价值。雕刻者则考虑得很细致，因为整座桥在洨河上，这条大河河水汹涌、地势险要，在选择雕刻时能够兴云作雨、威力无比的龙自然就成为首选的形象，因此我们今天看到大桥的雕刻是

赵州桥上的精美石刻

桥上的石刻人物雕饰生动、形象

赵州桥上的石刻图案为行人增添了无限乐趣

以群龙为主的。但设计者考虑到如果大桥所有的栏板全为龙雕，一方面显得单调重复，另一方面过往行人会经常留意于欣赏桥上的精美画面，从而造成行人滞留、拥挤，这样非常容易发生事故，不利于行人的安全和桥梁的安全。因此设计者在雕刻时，仅选择了少数几处进行精细的雕刻，而在桥的两侧则改为很简略的斗子蜀叶栏板和宝珠竹节望柱。龙为神圣之物，备受人们的敬爱，雕刻于桥梁的中央顶部是最适宜的。大桥带有一定的坡度，行人由两端上桥而行，行走时多少有一点艰难，两侧的雕饰如太过醒

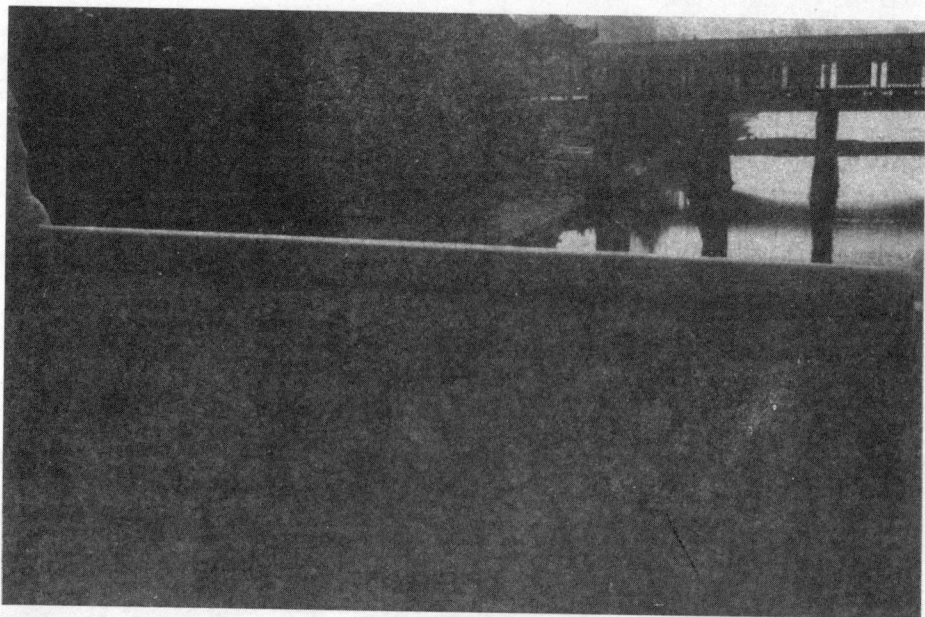
赵州桥

目，容易使行人分散注意力，因此设计得比较简略。设计者还考虑到了行人行走到了桥梁的顶端，这里是一小段平坦的道路，人们不免会观赏远近的景色，停留休息片刻，但桥梁上并不是供人们观赏停留的地方，这样容易造成交通拥堵，出现危险的情况，设计者考虑周全、心思细密，有意在大桥顶部两侧雕刻有气势凶猛的饕餮恶兽，使人们见到这样的雕刻心生畏惧，不敢长久逗留。从艺术角度来看，行人由观赏姿态优美、祥和的蛟龙图案，到突现阴森狰狞的凶兽，再转之于群龙之中，气氛跌宕起伏，富有情趣，回

过往行人会把赵州桥上的石刻作为景色来观赏，其乐无穷

赵州桥上的精美石刻

乾隆题字的石碑

味无穷。

　　赵州桥有桥联："水从碧玉环中过，人在苍龙背上行。"这个桥联形象地说明了人们对这一不朽之作的美好赞扬。因此说赵州桥可以称得上是一件精美的艺术品。同样赵州桥上的这些雕饰也是设计者独具匠心的雕刻，处处体现了中国传统文化的悠久和博大，这座如虹如月的桥梁在历史文化长河中留下了自己恢弘的一笔。

赵州桥

六 赵州桥畔的灿烂历史文化

在举世闻名的赵州桥畔，矗立着一座历史悠久、文化灿烂的"千年古县""历史文化名城"——赵县。赵县拥有 2500 多年的文明，这座古城有着深厚的文化底蕴和独特的文化。几千年来，勤劳朴实的赵州人在这块土地上辛勤劳作、生息繁衍，和整个中华民族一道，创造了辉煌灿烂的民族文化。这里有举世闻名的天下第一桥赵州桥以及与之并称姊妹桥的永通桥；有享有"华夏第一塔"之盛誉的赵州陀罗尼经幢；有名播海内外的千年古刹赵州柏林禅寺等一大批珍贵历史文化遗产；有人类文明肇始的"伏羲文化""龙文化"遗存。

华夏第一经幢——赵州陀罗尼经幢

赵州桥

河北赵县柏林禅寺佛像

悠久的历史和深厚的文化底蕴，使这座古城在拥有繁荣灿烂的现代文明的同时，依然闪耀着古老深厚的中华文明之光。

（一）独特的地理文化

1.桥文化

与赵州桥一脉相通的永通桥，飞跨于赵县县城西关永通路北的冶河上。永通桥始建于唐永泰年间（765—766年），比赵州桥晚了160年。这座桥的结构形式和艺术风格与赵州桥十分相似，因此人们把它与赵州桥并称为"姊妹桥"，因为这座桥的规模要比赵州桥小些，因此称它为"小石桥"。这座桥是在赵州桥后出现的又一座现存年代较早、科学技术高超、艺术形象优美的弧形敞肩石拱桥，虽然它比赵州桥建得要晚，但是与国内同类桥梁相比较，它还是要早上千年。永通桥作为一座久具盛名的古代石桥，同样是国家重点文物保护单位。

赵县石桥建筑非常多，还有位于赵县县城西南宋村东北洨河上的济美桥，这座桥与赵州桥和永通桥不同，它是多孔敞墩式石桥。桥梁的建筑艺术和石雕技艺也非常独

永通桥与赵州桥并称为"姊妹桥"

赵州桥

特，极具传统的民族文化特色，但最终被拆毁。还有跨于沙河故道导航的沙河店石桥，这座桥是一座小型敞肩式石拱桥，从建筑此桥的工艺来看，它是仿照赵州桥的建筑风格而建造的。这些桥都秉承了赵州桥的建造技艺，都是在赵州桥的建造技艺基础上发展而造成的，赵州桥和这些桥群一起构成了独特而丰富的赵州桥的桥文化。

2. 赵州柏林禅寺及茶文化

中华茶文化是一种历史悠久的文化，赵县作为历史名城存在，不但拥有许多文化古迹、历史遗址，还有"赵州茶文化"，在赵县地理文化中作为一个重要而特殊的

河北赵县柏林禅寺山门

文化积淀存在。赵州柏林寺，不仅因创建久远、有高僧居住而闻名遐迩，昔日寺内所产赵州茶也享有盛誉，而且还记录着中日文化交流的一些事情。据清光绪《赵州志》载："活泼泉，在柏林寺后，最寒冽，宜于烹茶。"赵县的茶文化在许多地方都有记录，在这座寺院里有一片茶园，赵州茶被历代的文人墨客大加赞颂。今天在井陉县苍岩山上，有乾隆三十年所立的《普结良缘》的碑刻，上面写有："赵州茶大家知味，甘露香普请同恭。"杭州西湖也有关于赵州茶的相关石刻。据传，南宋时日本荣西禅师在今天的柏林寺居住时，从我国的南方引进茶种，在寺院内开了一个茶园，他回国时将赵州的茶籽带回到日本，从那时开始赵州茶便在日本繁衍生根。

禅与茶历来都是佛教界的热门话题，在如今赵县重兴的柏林禅寺里，"赵州茶"与"生活禅"的文化更是得到了大家的广泛赞扬。禅茶一味、相互体晤，这样才能体会到禅与茶之间的真谛。赵县举行了许多以禅与茶为文化主题的活动，1993年7月，柏林禅寺举行了以大中专学生为主体的首届"生活禅夏令营"，就是以"赵州茶"和"生活禅"为主题，这一活动就是将赵州茶文化与禅文化自然交融的过程。在今天的赵县人们也是

河北赵县古佛道场

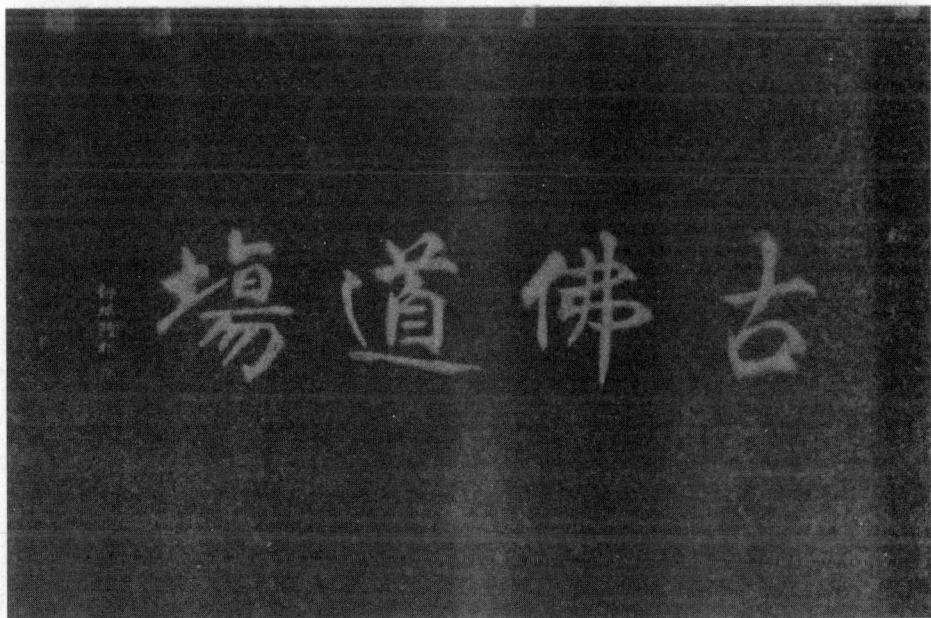

赵州桥畔的灿烂历史文化

按照这样的理念生活的，用茶和禅品味着生活的真谛。

3. 梨文化

赵州桥悠久的历史、独具匠心的设计、牢固坚实的桥身都是非常值得我们赞颂的，赵州桥给赵县人民带来了许多便利，同时也成为悠久历史的文化载体。赵县地处太行山东麓中段的山前冲积平原上，地势由西北向东南倾斜，非常开阔平坦。有洨河、冶河、沙河、汪洋沟等季节性河流从这里经过。赵县的气候属于暖温带大陆性季风气候，处于半湿润半干旱地区，适宜多种温带农作物生长，有利于发展农业和林果业。全县有耕地78万亩，为全国著名的"雪花梨之乡"。

深厚的历史、灿烂悠久的文化，使得赵县拥有了许许多多的文物古迹；得天独厚的自然条件和聪明智慧、勤劳上进的赵州人，给赵县大地创造了一片广阔的梨园文化景观。这里的名胜古迹和梨园文化景观交相辉映、连为一体、相得益彰，使赵县这座古城的历史文化和地理文化交融得恰到好处。

据史料记载，赵州雪花梨已有1700多年

赵县雪花梨

的栽培历史了，自从汉代开始一直到南北朝时期，都是作为"宫廷贡品"送到宫廷之中的，魏文帝还特地将赵州雪梨命名为"宫廷御梨"，雪梨在当时受到了从皇宫到文人志士的欢迎和好评。在历史上有不少文人墨客对赵州的雪花梨进行了记述和品评。如唐杜佑《通典》记载："皇帝钦定常山郡（辖赵州）贡梨六百棵。"唐名相李吉甫在其《思乡诗》中，曾写下"正是北州梨枣熟，梦魂秋月到郊园"的诗句。赵州的雪花梨属于白梨系统，它的果肉细嫩、纯白得犹如玉一样，并且看起来似霜如雪，因此称为雪花梨。赵州雪花梨果型

河北赵县梨园

丰厚圆满、色泽金黄、肉脆核小、汁多甘甜，
而且具有丰富的营养。此外，还可以用于药
中，被誉为"天下第一梨"。

伏羲像

（二）桥畔古物遗迹文化

1. 伏羲文化和龙文化

在赵州桥畔，有很多历史悠久的中华文
化，伏羲文化和龙文化这些文化与赵州桥一
样，给这片大地增添光彩。伏羲是传说中的
"三皇"之一，他对原始社会生产力的发展
作出了非常大的贡献，主要表现在他教授先
民结网捕鱼的知识，而且还使得当时的游猎
生产方式变为农耕；女娲是传说中创造人类
的始祖，对人类的繁衍生息作出了巨大贡献。
赵州双庙村的"哥姐庙"经专家考证认为这

女娲补天塑像

里是伏羲文化的典型，这个庙是伏羲女娲婚前生活的地域标本，是非常值得研究的。在"哥姐庙"可以看到遗留的三口井，东边大殿内供奉的是哥哥，为伏羲庙；西边供奉的是姐姐，为女娲庙。传说，伏羲、女娲在结婚之前各自住在自己的庙中，各自引用自己庙中的井水，并且是以哥姐相称的。在成婚之后，繁衍了无数的子孙后代，这也是传说中人类的开始。

伏羲文化和龙文化是一脉相承的中华民族的文化瑰宝，赵州桥畔还有"龙牌会"及史前传说人物颛顼、共工、勾龙的形象，人们还以"勾龙化白蛾"传说故事为信仰，这些都成为了龙文化的遗存。

　　伏羲文化和龙文化是中华民族的本源文化，先祖伏羲在中华民族的发展过程中起到了奠基和启蒙作用，今天人们追寻这些文化，研究开发文化遗址，对我们弘扬中华民族优秀传统文化，具有非常深远的意义。

　　赵州桥附近拥有很多古文化遗址很多，如双庙古遗址、宋村商周遗址、王西章商周遗址、董村商代遗址、四德古遗址、北李家疃古遗址等，这些文化遗址，可以证明年代为商代到周代直至战国时期的文化遗存，这些都可以成为赵县拥有远古文化的有力证

赵县龙牌会组织处

赵州桥畔的灿烂历史文化

赵县柏林禅寺牌匾

据。

2. 佛教文化

　　柏林禅寺位于河北省赵县县城（古称赵州）
的东南角，与"天下第一桥"的赵州桥遥
相对映。它始建于汉献帝建安年间（196—

赵县柏林禅寺内景

220 年），古称观音院，南宋时称为永安院，金代改称柏林禅院，自元代起才称为柏林禅寺。在漫长的历史长河中，这座古刹虽然经历过几次毁弃，但现在却香火绵延、高僧辈出。据僧传记载，著名的译经大师玄奘在西行印度取经之前，曾来此从道深法师研习《成实论》。开成五年（840 年），日本僧人圆仁入唐求经，途经赵州住在开元寺，写成驰名中外的《入唐求法巡礼记》。晚唐时，禅宗巨匠从谂禅师在这里居住达四十年，大行法化，形成影响深远的"赵州门风"，柏林禅寺因此成为中国禅宗史上的一座重要祖庭。

金代，这里曾改为律宗道场，有五代律宗大德来到这里弘扬戒律，时间长达五十年之久。金朝末年，法传临济正宗的归云志宣禅师主持法席，柏林寺由此革律为禅。元代，这里先后有圆明月溪禅师、鲁云行兴禅师，他们都是宗门大德，此时的柏林寺气势恢弘，成为燕赵一

赵县柏林禅寺石狮

赵州桥

102

赵县柏林禅寺舍利塔

带的佛教中心。明清两朝，中央朝廷管理赵州地区佛教事务的机构——僧正司设在柏林寺。当时柏林寺的住持往往同时兼任僧正司僧正。近百年来，柏林禅寺遭遇过数次的灾难，以往鼎盛时期的殿堂、佛像都已荡然无存了。到1988年这里重新进驻僧人时，只有赵州禅师舍利塔及二十余株古柏，人们都为这座佛教古刹感到惋惜。

佛教文化在赵州源远流长，这里的佛教历史可以追溯到东汉末年（220年），文化悠久的佛教文化在这将近1800年以来绵延不息、光照史册。如今柏林禅寺是中国北方古老的佛教寺院之一，它使佛教文化在赵州桥畔发端、传播并走向鼎盛。如今，这里的佛教文化结合"赵州禅"提出

赵州桥畔的灿烂历史文化

赵县陀罗尼经幢

了"生活禅"的修行理念，强调"大众认同，大众参与，大众成就，大众分享"，这些都在海内外产生了非常积极的影响。因而也使得赵州佛教文化世代传承并发扬光大。

3. 古代碑刻金石文化

赵县境内有许多金石碑刻，有赵州佛教文化的重要建筑赵州陀罗尼经幢，还有"大观圣作之碑"。这个石碑是宋代大观二年(1108年)镌刻的，碑额是蔡京手笔，书写博士李时雍摹写宋徽宗的"瘦金体"摹写了碑文，这些碑文已成为研究宋代治学和科举制度的重要史料。

赵县大观圣作之碑

除以上这些石刻碑文外，赵县还有许多精美细致的石刻文物。千年赵州桥上的碑刻是非常著名的石刻，包括隋、唐、明等所刻的关于赵州桥的序、铭、记等碑文。其次赵州桥的姊妹桥永通桥也有很多精巧细致的碑刻。佛教寺庙柏林禅寺中的碑刻，现存有宋、金、元、明、清各代有关柏林禅寺修葺、禅师和帝王旨诏等碑刻、名人书法。赵县所拥有的这些内容丰富、形式多样的古代碑刻，是后人研究佛教文化、寺庙建筑和历代书法艺术的重要依据。

赵州桥

七 今日赵州桥

赵州桥公园一景

悠久的历史、深厚的文化底蕴，见证了赵州桥的千年历程和历史的变迁，同样也昭示了这座悠久历史的古桥今天的辉煌和发展。昔日的燕赵古城，今天的赵州桥畔的赵县也和赵州桥一样努力发展和腾飞。今天人们为了纪念这座历时千年的赵州桥，为了展现这座古桥的独特魅力，也为了充分展现中华民族的悠久文化和古代劳动人民的勤劳和智慧，在赵州桥附近建造了一些能够展现赵州桥文化的建筑，使得来观光的游人能够更加清楚地了解这座千年古桥。

（一）赵州桥公园

赵州桥公园石刻

　　在赵州桥进行修整之后，开始建造和赵州桥有关的园林。在 1986 年以赵州桥为中心，将洨河南北大石桥村连接成为一体，建成了赵州桥公园。这座公园中的建筑都是和赵州桥紧密联系起来的，也体现了赵州桥的独特文化。

1. 叠石屏

　　叠石屏坐落在赵州桥北面偏东26米处，矗立在公园中的北园门口。它是以玲珑剔透的太湖石砌叠而成，高 4 米，呈影壁形，这个叠石屏的形状类似小假山。周围用混凝土砌成池塘，在池塘的边上有矮栏环护。石的前面放着一个汉白玉石雕刻的"娃娃攀鲤鱼"

今日赵州桥

喷水石，高 0.76 米，鲤鱼呈直立形，头向上，尾下甩一边；裸体娃娃手抓鱼须呈攀登状。这个雕刻的技术是非常精细的，而且形象逼真，让游人一进入门口就流连忘返。

2. 李春石像

李春石雕像位于赵州桥北边偏西 40 米处，是用汉白玉雕成的。雕像的基座 2 米，像高 3 米，雕像面东背西，坦胸昂首，手握斧头，眼望前方，他端庄、博学、深邃、刚毅。天才的李春站在赵州桥畔，时刻守候着自己的"孩子"——赵州桥。神奇壮观的赵州桥，是李春用勤劳汗水浇灌的世界经典，是他的智慧之树绽开的骄人奇葩。

李春像

赵州桥

赵州桥和远处的观月廊倒映在水中

这不仅仅是中国人民的骄傲，也是整个人类的骄傲。

3. 观月廊

从赵州桥的桥北端向东行走 29 米，沿着洨河的北边河岸建成了一个游览观光的走廊，称为观月廊。游人在这个长廊中可以沿岸观赏洨河的风光，并且能够远眺赵州桥的景色。这里还可以供游人休息，人们可以边欣赏隔岸的风景边休息身心，远离都市的喧嚣，陶冶身心。观月廊吸引了更多的人来到赵州桥观光。

4. 花坛

在观月廊北侧建有东西长 31 米、南北

今日赵州桥

九月菊

长 4.5 米的一个大型花坛。这座花坛由圆块、方形、三角形、S 形等形状组成。在花坛的周围沿边栽有月季、冬青等花，在花坛的一边

石竹花

植有翠竹、矮柏、奇松这些树种，蜿蜒向不
同方向蜿蜒延伸，花坛内根据春夏秋冬四季
特点，种植栽培有适合四季气候变化、生长
的各种花：九月菊、春兰、石竹花、串红、

今日赵州桥

赵州桥公园荣禧堂内景

月季、梅花、牡丹等，高低不同，层次分明，四季花香，为整座公园增添了几分清香，游人置身其中能够观桥赏花，是一种非常好的享受。

5. 花房苗圃

花房、苗圃在赵州桥桥南端西跨院内。花房面宽 21.7 米，进深 9.2 米，苗圃面积 150 平方米。苗圃花房栽种了很多奇花异草、佳木修竹，这些栽种的花早树木都为赵州桥花园的园林绿化、美化打下了很好的基础。

6. 八角亭

八角亭位于赵州桥南 40 米处，这座亭

子掩映在苍松翠柏之间，夏日被树木遮挡能够起到遮日乘凉的作用。亭子的形状呈现出八角形，木质的结构、双重檐、尖瓮顶。在亭外有小路一直向南通向陈列室，向西连接赵州桥的中心大道，亭子的四周芳草青绿，鲜花芬芳，令人赏心悦目。游人在游览了赵州桥之后，感受到了这里的历史文化，然后进入小亭内可以小憩，这样别有一番意味。

7. 龙泉亭

龙泉亭坐落在赵州桥北端东行67米处。临接洨河高筑石台，亭子建筑在石台上面，与八角亭对称。在亭子的中心凿有一个水井，在水井的底端有管道可以直接通向石台半腰的石雕龙头。龙头伸向河心，这就使得水井

赵州桥公园石碑

泉水从龙头中喷出来洒落于水面，景色宜人，很值得人们前往观赏。这样的建造模拟了"双庙龙泉"的景观。

8. 陈列室、文物库

赵州桥公园中的陈列室在古桥东南 42 米处。陈列室是坐南朝北建造的，它是仿七式硬山顶，为砖木结构。室内陈列着建桥后历代具有独特艺术风格的古桥栏板、望柱、桥面石等出土文物。在这些文物中以隋朝的雕龙栏板、唐桥铭、仙迹石最为珍贵，这些都是具有很高的收藏和观赏价值的。在赵州桥桥南还建有一个文物库，在库中保存着赵县的出土文物和历代书籍碑帖、题字、题词等价值很高的文物。其中有商代铜瓳、铜鼎，汉代彩绘骑马俑，隋代镏金造像，宋代四系瓷罐，元代钧窑瓷碗，以及纳玛象牙、牛头首、古代铜器、铁器、石器、骨器，清代石刻、银器，明代玉器，历代碑铭拓片、书法手迹等。

9. 瞰园阁

瞰园阁是仿照明代桥头的关帝阁形式建成的，它位于赵州桥的南端，分为上下两层，下面供行人行走，楼上供观赏景观，在亭阁正前面有文化部原副部长林默涵书写的"天下第一桥"的匾额。这里与赵州桥花园中的

赵州桥公园建筑

今日赵州桥

很多亭台一样构成了观赏赵州桥的亭台楼阁景观群。

1999 年赵州桥公园进行了扩建，公园的面积开始由原来的 37 亩变成现今的 132 亩，而且还陆续建造了八仙群雕、三座石亭、碑廊、仿唐大门、影壁等人文景观和大量基础设施建设。另外还扩建了草坪，种植了很多观赏价值很高的树种。2002 年，建立了游客接待中心，完善了景区服务功能，被国家旅游局评定为 3A 级景区；2003 年成功招商，建设了赵州桥文化中心项目，现办公区已投入使用；2004 年，外聘人员对赵州桥公园进行总体的规划。现今赵州桥公园已经基本完善，景区的文化氛围非常浓厚，桥文化的内涵也得到了进一步的挖掘。目前新建成的赵州民俗博物馆和赵州民俗购物一条街等，都极大的丰富了赵州桥景区的文化气息。

（二）爱国主义教育基地

赵州桥拥有民族历史、文化和科学等方面的巨大价值和意义，经过近些年来的不断增加设施建设和扩大教育内容，在对全国各地游客，尤其是在对广大青少年的爱国主义教育中起到了非常大的作用。

赵州桥公园八仙人物塑像

赵州桥

优雅秀美的赵州桥

1996 年 4 月被确定定为县级爱国主义教育基地；1997 年 8 月被确定为石家庄市爱国主义教育基地；1999 年被河北省委、省政府命名为省级爱国主义教育基地。

赵州桥是中华民族五千年灿烂辉煌文明史的一个典型的例证，在这里建设爱国主义教育基地，是时代的召唤，也是现实的需要。在赵州桥建成的爱国主义教育基地体现了赵州桥的价值和意义，这种价值正在于增强国人的民族自尊心和自豪感，让历史昭示未来，

今日赵州桥

继承辉煌的过去，肩负起实现中华民族伟大复兴的历史重任。

赵州桥爱国主义教育基地依托赵州桥以及赵州桥公园的建筑、设施，在经过不断的改造和重新配置之后，这个爱国主义教育基地被赋予了更新的内容和更全面的教育意义。

现今，这里建成了展览室和陈列室，用作介绍赵州桥的文化和历史以及现在的发展状况，还有很多书籍、资料和宣传纪念品，其中还有很多专门讲解文化的人员，有录放像设备及近百套音像资料，为全省、全市人民开展爱国主义教育、爱家乡教育和革

为了保护赵州桥，人们在不远处又修建了新桥

赵州桥

命传统教育提供了良好场所。

　为了更好地发挥赵州桥爱国主义教育基地的教育功能，先后同清华大学建筑系及省内部分高等院校和县内中、小学建立了共建共育关系，每年基地都可以接待大中专学生、中小学生、青年职工、国外友人和游客数十万人左右，产生了非常显著的社会效益。每年的五四青年节，都会在这里组织本地及来自全省各地的青年学生、青年志愿者、团员青年等开展系列纪念活动。而且还配合小学语文课本《赵州桥》一文的教学组织接待附近县、市大批小学生进行实地的参观、宣传教育活动，把爱祖国、爱家乡、有理想、有民族荣誉感等传统文

赵州桥吸引着众多的游客来一睹它的风采

今日赵州桥

赵州桥（安济桥）是我国重点文物保护单位

化教育有机地结合起来。

同时为了改善基地的环境面貌、扩大教育功能，在赵州桥公园扩建、改建的基础上，将要建设一个融民族风格和现代风格为一体的世界性的桥梁博物馆。建成后的世界桥梁博物馆，将采用古今中外有代表性的各种微缩桥梁模型 500 个，同时展出赵州桥、永通桥石刻文物 1000 余件、图片 5000 余幅。桥馆单体建筑占地 3300 平方米，建筑面积 5436 平方米，当这些都建成以后，赵州桥的爱国主义教育基地将会更充分地发挥历史和时代赋予它的重大使命。

赵州桥